MARTE MORA EM SÃO PAULO

Daniel Perroni Ratto

Copyright do texto © 2012 Daniel Perroni Ratto
Copyright da edição © 2012 A Girafa

Todos os direitos desta edição foram cedidos à
Manuela Editorial Ltda. (A Girafa)
Rua Caravelas, 187
Vila Mariana – São Paulo, SP – 04012-060
Telefone: (11) 5085-8080
livraria@artepaubrasil.com.br
www.artepaubrasil.com.br

Diretor editorial
Raimundo Gadelha

Coordenação editorial
Mariana Cardoso

Assistente editorial
Ravi Macario

Revisão
Jonas Pinheiro
Paulo Teixeira

Projeto gráfico e diagramação
NewUsina

Arte da capa
Bruno Netto

Impressão
Graphium

CIP-BRASIL. CATALOGAÇÃO-NA-FONTE
SINDICATO NACIONAL DOS EDITORES DE LIVROS, RJ

R185m

    Ratto, Daniel Perroni
    Marte mora em São Paulo / Daniel Perroni Ratto. – São Paulo:
A Girafa, 2012.

    128p. : 21 cm

    ISBN 978-85-63610-10-2

    1. Poesia brasileira. I. Título.

12-6151.   CDD: 869.91
                                                                                    CDU: 821.134.3(81)-1

27.08.12   05.09.12   038527

Impresso no Brasil
Printed in Brazil

Marte Mora em São Paulo

Daniel Perroni Ratto

A GIRAFA

São Paulo, 2012

SUMÁRIO

Apresentação	7
Prefácio	9
Marte mora em São Paulo	11
Era uma vez	16
Ver e Ir	20
Epaço	21
Cena	24
Me diga! Por quê?	26
Festa da guerra	28
Portal	33
Garoto do tempo salta o santo	35
Sujeito às mudanças	36
Sinto o cinto	38
Corpo	40
Coleção	42
Menina linda!	43
Salvatagem	45
Ressaca	48
ThEnd	50
Contestação	52
Coisas soltas ao vento	53
Fique ligado!	55
Palaciano entre médicos	57
Santas profanas	58
Século	60
Loirinha	61
Trilhos	62
Trianon	63
Perdido na Lua	64
A luz que me alumia	65
Última chance	66
Febril	69
ArTe	70
Almas pescadas	71

Outro lado	72
Filha longe	73
PoeTinha	74
Recuperação	75
Sonhos	77
Aliança em damas	79
CriAção	81
Explosão	83
WayKelíbrio	85
Viajando	87
Pecado?	89
Aquela – Era – Ela	90
Indagar de verbos	91
Um adquirido	94
Carta da esperança	96
Só-tato	98
Bonitinha	99
A volta	101
Review	102
Infância	103
Um segundo	104
Partiu	105
Silêncio	107
Premonição	109
Partes	112
Banto	114
PaRaNaRa	115
Na tua	116
Outra bossa	118
Joquinha – UNIC – União Nacional de Intercâmbio Cultural	119
A se a vida...	121
Merda?!?	122
Sincronia	123
Se fosse hip-hop	124
Cair e amar	125
Slides	126
Sobre o autor	131

Apresentação

Fazer versos não é para qualquer um.
É preciso ter alma.
É preciso ter calma.

Será mesmo?

Nestes tempos novos, súbitos, de outras ordens mundiais a sensibilidade frente à vida se frenetiza.

Em qualquer lugar, a qualquer instante o verso vem, sufoca, mergulha e explode.

Assim é o movimento do poeta paulistano Daniel Perroni Ratto, que nos apresenta em Marte mora em São Paulo um novo conjunto de poemas.

A novidade vem acompanhada com uma dose a mais de rimas.

Questões de gênese?

Questão de gênero?

Apenas uma aventura do autor.

Pessoais, íntimos, coletivos, impessoais, do planeta, do sono, da imaginação acesa, das noites solertes, das madrugadas insones, dos sonhos marítimos, das avenidas.

Assim são os versos assinados por Ratto.

São cenas em autorrelevo, à flor da pele, com o coração na boca.

8

São traços de caminhos suspensos entre a emoção e a realidade arrematados por rimas soltas.

Versos e rimas se alternam nesta nova safra do também compositor que passeia por cenários musicais.

A gênese das rimas pode estar nos tempos idos e vividos da infância-adolescência, nos ares nordestinos do convívio de outros poetas. Quem sabe?

Agora a vida urbana leva o poeta a outras tantas frequências, próprias, sonhadoras, ritmadas.

É para este recorte de ambientes ora delirantes, ora complacentes, que Ratto nos convida a acompanhá-lo em uma leitura nada linear.

Uma leitura em que o movimento das palavras nos conduz a novas cenas, revisitando sentimentos, reinventando argumentos.

Opa!

Olha só como acontece.

Então, nos rendamos a elas, as rimas.

E que a leitura seja leve, solta, fluida, poderosa.

Cada qual com seus eus.

Cada eu com seus quais.

Joana Rodrigues [*]

[*]Jornalista, tradutora, mestre e doutora em literatura. E, por essas casualidades do mundo das palavras, foi, por alguns dias, professora do poeta da pós-graduação na USP.

Prefácio

A poesia de Daniel Ratto

Para começar, confesso que me senti honrado pelo convite. Apresentar a obra de um poeta que conheci ainda menino a praticar outras artes que não se exprimiam pela palavra escrita.

Como não sou crítico literário nem poeta de livro, sinto-me à vontade parar discorrer com simpatia e parcimônia sobre a poesia que o livro contém. Viajei no livro como fazem os leitores disciplinados: da primeira até a última página. Em completa ordem sequencial.

Deparei-me, na página 43, com o poema "Menina linda" falando (nas duas primeiras estrofes) o seguinte: "sinto a flor exótica/seu calor consome/colheitas, coisa tática/pressente e não some/troca de energia intensa/madeixas, coisa mágica!/minha mão sente/ a palavra caótica".

Li de novo. Gostei da sonoridade, do ritmo, da brincadeira com as proparoxítonas etc. E encontrei o "gancho": a palavra caótica. Ela explica a prevalência do ritmo e da rima, sem se importar com a "precisão" da palavra. Há total liberdade poética. Ou licença poética.

Daniel conhece bons poetas e na obra de alguns há de ter se inspirado. Talvez ele nem saiba explicar algumas influências. Afinal, alguém inspirado em Freud já disse: "o poético é revelação do inconsciente e, por conseguinte, jamais é deliberado". E o poeta mexicano Octávio Paz complementa: "A inspiração é uma manifestação da 'outridade' constitutiva do Homem [...] é uma aspiração, um ir, um movimento para frente: para aquilo que nós mesmos somos".

Para encerrar o texto, mais uma citação: "a mais elevada e filosófica de nossas faculdades é a imaginação" (Baudelaire).

Lendo o livro de Daniel, vocês terão oportunidade de exercitar a imaginação a partir da famosa "palavra caótica". E olhem que um poeta romano já começava uma de suas peças afirmando que "no princípio era o caos [...]".

Francis Vale *

*Francis Vale é um expoente da cultura no Ceará, jornalista, produtor, roteirista, compositor e cineasta. Foi o idealizador do Cine Ceará e do Festival Internacional de Cinema Digital de Jericoacoara. Entre suas composições está "Apaixonadamente" (Francis Vale e Stélio Valle) interpretada pelo cantor Fagner.

Marte mora em São Paulo

Tudo o que pude fazer para você
Deu no que deu
Comi o papel para o quê?
Tudo que ganhou foi meu.

Radioatividade de pessoas
Cantam na Paulista com Augusta
Ruas glamourosas e coroas
Na vida ganha da grana sua.

Aliens atropelam corações
Que tentam ser São no salmo
Homens caçam perdões ·
Marte mora em São Paulo.

Violência sensorial extrapola
Guerra Mundial Nuclear
Meu tesão controla
Brindes nas Ondas... No Mar.

12

No Mar Edificado das capitais
Perdido no concreto armado
Enjaulado como animais
Em São Paulo Campo minado.

Planos confabulados por metro quadrado
Alienígenas de várias galáxias na Avenida
[Paulista
Métrica totalmente aleatória Desagrado
Raios inversos na térmica da Atmosfera.

Amanhece com o frio usado no edredom
Meio-dia de mangas curtas e suor escorre
Balas psicodélicas perseguem o Poseidon
Sujeito seguido dentro
do software Corre.

A mulher fatal estende a mão para o alto
Lá de cima o homem olha os terráqueos
Quadro enfocado dos sacos esfaqueados.
Só eu sei que Marte Mora em São Paulo.

13

Comunicação telepática além dos óculos
Escuros espaços nas calçadas do Universo
Ali do lado perto das famosas esposas do
[povo
O gigolô fuma um cigarro
[e puxa a camisa de Vênus
Propriedade particular num bem público.

Carros correm nas avenidas com a pressa
[do tempo
Aviões monitorados nos micros trazem
[pessoas
Helicópteros transportam executivos e canais
[de TV
Motos desafiam a gravidade
[e levam a Morte na garupa.

Ninguém se entende nesse caos proposital
Minhas rimas agora seguem qualquer padrão
E fica assim então como divergência
[intelectual
Das diversas formas de vida que vivem
[no hospedeiro
De corpo humano veículo ineficaz
[de supremacia.

14

A praga já se disseminou e contagiou
[as mentes
Os mendigos vivem nas ruas sem dentes
E não tem como resolver a problemática
[Sem vacina
Marte Mora em São Paulo.

Marcianos exploram o trabalho do
[inteligente governo
Mundial e não Universal a disputa fica
[quente
Manipulação das criaturas noturnas
Saturno vive em São Paulo

Saturnianos enfrentam Marcianos pela posse
Guerra sanguinolenta entre espécies
Manipulação das criaturas subterrâneas
Andrômeda assalta São Paulo.

Andromedanos disputam com Plutanianos
[o direito
De roubar energia dos nordestinos
Que vieram de Mercúrio onde o vermelho
[não possibilitava temperaturas satisfatórias.

Os povos da Constelação de Órion
Encontraram moradia na zona Leste
Os Orionmanos se organizam nos guetos
Armamento pesado pra combater
Os alienígenas de Júpiter!

Guerreiros gigantes que se infiltraram
Em todos os lugares do mundo
Globalizando informações para poderem
[dominar.

Ali e Acolá no meio das ruas
[a guerra está aberta
E o Ser Humano já não é o ser
Liberdade de ir e não voltar ou de Ficar
[e não deixar
Prospera nas leis estabelecidas
[pelos Marcianos

Vou ficando como um louco
[que não reconhece
As digitais da sua companheira
Com certeza um fato pode ser esclarecido...
Marte Mora em São Paulo!

Era uma vez

Tive um amor uma vez
Uma vez veio clarear
Sem volta a sua tez
Roda, desejo de viajar.

Tive um amor uma vez
Outras dimensões, conheci.
Abertura até Jerez
Volta a ver o Saci.

Pula numa perna
Corda Bamba
Calma Agora Tranca
Ou então tudo é samba.

Foi o começo da Nova Era
Percepção analítica dos portais
Graças a ela Vou atrás da Fera.
Novos rituais Indígenas espirituais.

Tive um amor uma vez
Que me fez voltar na posição
De feto e sentir a rapidez
Do tempo e Vida Vão.

Tive um amor uma vez
Que me entendeu
Beijar o Louco Ser normal me fez
Perceber além do breu.

Tive um amor uma vez
De alegrias e risadas
Conflitos e discussões
Aprendemos as salas

Um apuro da maternidade
Veio provar o destino
Chapada da clandestinidade
Vale do Céu.

Raios e Trovões assustam
A relação aparentemente frágil
Nuvens circulam
Chegada do inevitável.

18

Dois pássaros e Liberdade
A voar pelos atalhos da imaginação
Almas livres sem calamidade
Cruzam e então.

Música hipnótica orienta
Os passos a serem traçados
E o destino misterioso aparenta
Os sábios caminhos forjados.

Como aquele de barro
Onde fui ao encontro marcado.
Caminhando pelo desconhecido
Sensação de solidão.

Na Mata Atlântica o passeio
Floresta fechada e magia
Luz do Sol dá o recado
Momento eterno de união.

Fecho as cortinas
E estou só
Consigo vê-la
Agora... O pó.

Do amigo que oferece
Sem acreditar na recusa
Da dita Cuja
Tenho lampejos que me ajudam.

É... Tive um amor uma vez
Agradeço pelos ensinamentos
Infinito dura mais que Alcatraz
Os vividos e sonhados momentos.

A vida toma seus rumos
Várias oportunidades se apresentam
Vejo claramente os sinos
Que as atitudes desencadeiam.

É... tive um amor uma vez
Vez por outra vez
Vejo o amor que tive
E vive no coração
O amor que tive uma vez.

Ver e Ir

É onde esconde as coisas
A psique humana fascina
Objeto do extermínio alienado
Parar Escrever e errar.

Tudo bem, meu bem!
A correnteza é forte
Escala do avião a pensar
Vou até Marte!

Os pés, preciso colocar
No chão e produzir
Manufaturados alugar
Para poder ver e ir.

Espaço

Alugar um espaço vazio
Universo paralelo na sala de estar
Veículo poderoso O Navio
Naufrágio pode começar.

Nas paredes do tempo
Cataclisma redunda
A bunda do cismo
Ceticismo resmunga.

Grades empregam a ilusão
Do dia livre um dia
A ver a sorte na televisão
Orgasmo na pia.

Direções opcionais
Casuais do acaso
Fim do caso e tudo o mais
Sacanagem no mato.

Então mata a gula
Concreto armado calculado
Vidros refletem a crua
Cena cotidiana ao lado.

Correria saturada na esquina
Vermelhos sinais nos olhos
O povo que sai e vai à luta
Vento na face e o tapa nos ossos.

Gravatas solitárias nordestinas
Edificaram a cidade deserta
De almas perdidas
No sistema e tecnologia alerta.

Ruas embevecidas de sangue
Do estranho atalho suicida
Caranguejos escondem no mangue
A virtual realidade Pesticida.

Acato o tato
Mãos delicadas da encantadora
Dona do meu espaço
Sigo os tiros da metralhadora.

Sozinho novamente cresce
A paixão do sabor
Declamo a prece
De não saber de onde vem a dor.

Acredito nas prepotências
Adquiridas no Caos
De suas preferências
Vividas nas florestas do Laos.

Pratos na cozinha de madeira
Dizem os defeitos da gazela
Tolerância na boca do Leão
Acredito nas cores do camaleão.

Pegue-me! E faça a lição
Da carne crua e quente!
Movimentar águas do Tubarão
Sinta Use Tente!

Fuselagem prateada
Cadeado intacto decepcionado
Pernas sedutoras mapeadas
Por Desejos automatizados.

Cena

Nas ruas estéticas da cidade
Entre carros e mulheres frenéticas
Procuro a minha idade
Desconhece as tramas fétidas.

Jogos de sedução
Armação nitidamente
Poços de Ilusão
Coleção de gente inocente.

Sucesso perdura até a morte
Vim da fenda vazia
Dê-me um pouco de sorte
Mostre-me como se fazia.

O homem tropeça a alma
Da corruptora mãe Sociedade

Intrigas no meio da Calma
Noite que sufoca a Saudade.

Do tempo em que não bastaria
Um simples apelo exigente
Da diversidade adquirida
Pela conquista carente.

25

Pés sujos na esquina
Bactérias vivas perdoam
A falta de latrina
Aviões sobrevoam.

A decadência é visível
O calor transborda pelas frestas
Da evaporação plausível
Nas janelas jogam pedras.

Quebraram a corrente intacta
Perturbaram os Deuses
Sequestraram a tática
Mataram os Mouses.

Furacão global suporta
Os fragmentos do Homem
São tão poucos! Que importa?
Exportação do Pólen.

As setas dizem os conselhos
Doutrinados a seguir
Próxima cena.

Me diga! Por quê?

O filme na praia Você sorria
Que alegria A tua pele na seda
Dos lençóis macios Nos sonhos
Eu morria no conforto do teu colo
Me diga! Cadê o seu amor?

Onde estou? Para onde vou?
Quero estar com meu amor!
Por que ando tão triste?
Por que ando pelas ruas?
Me diga! Cadê meu calor?

Fim de papo na mesa de bar
Dos amigos a conversa demora
Para fazer pensar.

Pensar nas coisas que deixou para trás
Fiquei no seu passado No caminho
E mesmo com outro amor
Lembro das águas do mar.

Noite de violões a seduzir
Os olhos azuis da menina linda
Que me seduz A poesia
Faço no ritmo das notas musicais
Encanta seu coração a minha voz
Que sussurra desejo e paixão.

Engole as raivas expostas
Pela Avenida Paulista olhando
O ponto alto As antenas
Em cada esquina vou ficando
Me diga! Cadê as lantejoulas??

Lixo catado anotado
Nas ordens judiciais
Outorgadas pelo Deus clonado
Bem longe dos policiais
O romance tinha acabado.

Escolhe uma camisa tua
Ludibriar-me com teu gosto
Vontade de correr pela rua
Que vejo no teu corpo, Rosto?
Me diga! Cadê o meu eu?!?

Festa da guerra

Início da aventura sonhada
Concretização da viagem
Muita água salgada
Pela frente cai.

Como sempre bem articulado
Naturalmente social
Querem o tempo alterado
Para tratamento do Maral.

Venta na face das ondas
Barco frágil na guerrilha
Penso em todas as contas
Caminhos na forquilha.

Mulheres ao redor
Coisa inevitável saudável
Evitar conflitos sem ter dor
Quero ser amável.

Implacável hora da madrugada
No show business aquece
O exercício de gestos e fala.
Sucesso certo que merece.

Tensões da vida maculam
No mundo inexorável
Aquela ali é maluca
Inverte o impossível.

Vida não é uma guerra
Demonstro as causas
Vida é uma festa!
Provo as pautas.

Homens trabalhando nas janelas
Vejo do interior da Mata Atlântica
Morte nas favelas
Desafiando a Física Quântica.

Penso quando chove na floresta
Almas perdidas no caldeirão
Criado pela raça humana
Espírito e liberdade, onde estão???

30

A busca da percepção cotidiana
O significado da vivência
Sexo Amor Tesão Atração
Emoções inquestionáveis da falência.

Vou a mais uma balada
Noites diferentes
Beijos e carta falada
Mostro até os dentes.

Contatos e conhecimentos
Adquiridos na reflexão
Da situação dos pensamentos
Reais e nova conexão.

Alienação perigosa à margem
Da Sociedade quer sossego
Um modo de conquistar o Pajem
No voo do Morcego

Sonoridade estabelecida nas trocas
Dos conhecimentos incompletos
Visões quando nas Mostras
Estive e falei com Sem-Tetos.

Lembranças sempre acompanham
O indivíduo massacrado
Pelas campanas
Do traiçoeiro destino.

Cuidado com o que existe
Além das portas
Estranho qualquer fetiche
Atiro notas.

E mulheres novamente
Opções múltiplas
Festas ultimamente
Sussurro músicas.

Em busca de algo futuro
Sei que tem e vem
Difícil esperar em apuro
Te quero bem.

32

Mais uma vez de novo
Acontece algo bobo
Aventura amorosa
Início de outra estória.

Quer coisa louca!
Pois está de cara
O amor do passado recente
Não atormenta esta mente.

Grandes romances pela vida
Questão de tempo
Ela aparece linda
Sorriso como o vento.

Eis que não tive tempo
Então viva a paixão
Deixa em queda
O vapor da traição.

Portal

Venha ver a cor da minha fala
A voz do pensamento
Tente ser a fada
Mostre o fardo suculento.

Tempestades ao anoitecer
Lua cheia em rodas
Fogueira Vinho ao amanhecer
Música em chamas.

Todos ao redor do mundo
Na floresta irreal
Hipnotizados pelo canto
Da comunhão final.

Terra cabalística abala
O homem cético
Não diz a que veio Atrasa
O Momento fatídico.

A chuva cai suave e lenta
A moça na nave alimenta
Vontades utópicas contidas
As paisagens bucólicas mordidas.

Então sofre ataque dos raios
Mestres e anciões analisam
O ritual dos índios falhos
Quem? Eles suplicam?

Cara surrada pelo trabalho
Unidade suprimida para os fracos
Tente correr pelo atalho
Vejo você por todos os lados.

Quem está do outro lado da porta?
Qual portal concerne?
Quem faz a outra obra?
Qual umbral recebe?

A ponte segura é estreita e infinita
O medo assegura o fracasso
Delas que não querem guarida.
Pena por caber num maço.

35

Garoto do tempo salta o santo

Corrida contra o tempo
O vento corre para o santo
O tempo do vento perde o conto
Que conta o susto do santo.

Tanto que não suporto
O peso do manto
Nos ombros em pranto
Socorro o corredor do tempo.

E o santo no passo
Fez o garoto num salto
Escolher seu destino
De súbito o vento.

Oceano do tempo no medo
Destino em pranto socorre
O corredor do vento
Nos ombros do garoto morre.

Sujeito às mudanças

Pensar na vida faz parte
De qualquer coisa simples
Quero tanta arte
Que sigo os crimes.

Ávido por loucuras doidas
Moças enriquecidas de suor
Alegria no olhar das trouxas
Que carrego melhor.

Qualidades enfurecidas à noite
Prefácio açoitado pelas pernas
Nossa Senhorita dá o coice
Nas emoções mais ternas.

Queredor palaciano
Monumental poita mergulhada
Falador caucasiano
Fenomenal mulher atirada.

Tormenta dos mares
Finjo espanto momentâneo
Diga-me que tu amares
Sujeito tão errôneo.

Caminhadas obscuras no dia
Signo abastado a liberdade
A mão direita delicada via
Os passos da paternidade.

Ao navio obsoleto entrava
O maior peixe da tragédia
Arte dramática entoava
A vida musical da comédia.

Corrida armamentista tecnológica
Dos amores que estão por vir.
Uma visão fantasmagórica
Há muito tempo deixei ir.

Sinto o cinto

Não sei o que sinto
Por que a corrida dentro de mim
Faz a incerteza de onde piso?
Macacos pensam sim.

Quais as possibilidades do labirinto?
Que circula nas veias
A fome do desconhecido
Vago sozinho nas areias.

O deserto comunica a amplidão
Dos buracos no vácuo
Presente na minha solidão
As paisagens que sinto no alto.

Certeza do amor não chega
A conquistar espaço
No coração não venha
Pedir lugar escasso.

Não sei o que sinto
Por você lindinha.
As mágoas do caldo
Aparecem na minha latinha.

Lido com fatores racionais
Luto com a institucionalização
Quero deixar fluir, passionais
A intuição e desejo seguirão.

Medo do sofrer agora
Futuro incógnito destrutivo
Faz sua manobra
No percalço competitivo.

Sinto tantas coisas!
Que não tenho explicação
Quero tantas boas!
Que não consigo ação.

Dúvidas na relação
Confiança quebrada nas atitudes
A vida passa como um Furacão
Perco oxigênio nas altitudes.

Será ela a companheira ideal?
Será ela parte do casal?
Serei eu o canal?
Serei eu o futuro animal?

Corpo

O canto das ondas visuais
No canto das visões espirituais
Oratória prolixa acentua
Os gritos da Cacatua.

Vento das águas de um Rio
Desloca o salto mortal
Fascinado pelo cio
Da mulher Quente Vital.

Subalterna análise do tempo
Sem vacilo no passado da mente
Cria a visão do templo
No centro do mundo ausente.

O frio tenta fazer sair
A alma do caminho mágico
Mas o guerreiro quer cair
Mostrar que nada é trágico.

Monte de casas barrocas
Vento direciona portas
Diferente do destino de Gomorra
Sodoma atira tortas.

Nova Era Primitiva Sequencial
Da evolução egocêntrica
Raça ruim de poder predatorial
Extingue a Velha Excêntrica.

Minhas causas usuais
Prestam atenção sonora
Sons nada iguais
Intriga Subversão Ignora.

Lições almáticas dos fogos
Festa Junina caiçara
Frente das botas dos jogos
Corpo que sai e vara.

Coleção

Tudo que passa nas sombras
Lado oculto
Mostra a face do Amor
Sinto a queima, Velocidade.
Medo da fuga, Torpor.
Certeza da culpa, Humildade.
Lábios quentes, Destino sábio.
Procura a metade perdida
Proveniente de um passado
Espíritos que voltam por um caso
Por acaso fiquei de quatro
Minha vida flui no ato.
A estrela forte encontra
Poderosa, sua equivalência.
Claro, situação de divergência,
Submete à prova
O amor Sincero faz superações
E maturidade em seus corações.

Menina linda!

Sinto a flor exótica
Seu calor consome
Colheitas, coisa tática!
Presente e não some!

Troca de energia intensa
Madeixas, coisa mágica!
Minha mão sente
A palavra caótica.

Menina linda me deixa louco!
Perco a noção do unitário
Fito que faço doido!
Deixo a nação Doutrinado.

Quero sua vida!
Dou a ela toda a minha
Prazer de vê-la perdida
Sua pele... Na minha.

Não me venha com raiva
Pois só amor posso ver
Defeitos fazem aprender
A lição do companheiro
E sofro por não te ter.

Quando penso, Possibilidade
De não mais me querer
Depressão toma-me o Ser
Meu Amor quer ser você.

Talvez a vida que não vi
No mato achar a moita
Aflição explode os minutos
Orar sem fim a esperar
Horas Sua ligação aos pulos.

Quero minha vida oferecer
Por toda clandestinidade
A você, minha inspiração
Viva livre comigo
Nossa aventura e desbravação.

Salvatagem

Primavera de roupas solitárias
Andarilho almejado pelas andorinhas
Calçado aperta as patéticas
Moças perdidas e bonitinhas.

O Juiz da esquina sinistra
Pergunta ao Deus o Quanto
Satisfaz o ego e seu corista
Mostra a dor do Santo.

Faz parte do momento
A crise de existência
Faz arte no momento
Mata hora da falência.

O avião passa despercebido
Na paisagem árida do deserto
De Pedras intercaladas
Pelos muros de concreto.

46

Helicópteros rodeiam a savana
Pombos cavam os abrigos
Observam a barbárie antiga
Do homem ferindo seus inimigos.

Frio repentino da alma
Geadas fazem a festa
Dos deuses e a taça
Fica fora dela.

Como pode ser maligno?
Algo que deveria fazer bem
Chega perto do gatinho
Pra dizer nota a alguém.

Café frio cheio de pó
Quando escrevo triste
Na garganta um nó
Pega o cano em riste.

Mentira da balada noturna
Mulheres surgem do nada
Mesa de bar não paga
A alegria moribunda.

Minha vida na proa do barco
Avisto lá o parcel
Minha vida da popa no arco
Desenho lá com o pincel.

Sábio hindu indiano
Nos mostra os caminhos
Escolhidos no cotidiano
Carros correm sozinhos.

Pente nos cabelos encaracolados
Tentam acertar as linhas
Complicados os atalhos enrolados
Percorrem às margens da rinha.

Por que tanta briga?
Que necessidade desgastante!
Por que tanta quebra?
Qual maldade ofegante!

Quero o mapa do mundo!
Quero as respostas definitivas!
Quero a paz tanto!
Quero as mágoas destruídas!
Vinte e quatro anos para o sucesso
Onde estou no momento
Levado pelo desejo acesso
Onde a cara vou metendo.

Ressaca

Não sei se ela é a Mulher
Estou no mar confuso
Não sei se quero sorver
Estou no altar Difuso.

Quebrou o encanto do destino
Já não era paixão
Amor deixa o vestido
Já apenas o tesão.

Possessivo fico logo
Como um objeto meu
Isso é que não quero
Matéria que me deu.

Espanto-me com suas atitudes
A palavra mudada de súbito
Contrariedade nas grandes altitudes
Surpreendo-me quão fácil fica-te mórbido.

49

Impulsividade contrária à relação
Compartilha nas alegrias e tristezas
Fica e aprende lição Mas Não
Desinteressa por correntezas.

Não sei se te quero mais
Não sei se te amo mais
Não sei se te sinto mais
Não sei se vou um pouco mais.

Perdoar o que fizeste
Comigo e com outrem
Talvez o quisesse
Marionetes, não somos de ninguém.

Livre como uma energia
Que navega universos
Penso ter a magia
Dos áureos paralelos.

ThEnd

É o fim
É o fim minha amiga...
É o fim
É o fim minha querida...
De novo

Das corridas pela vida
Das caminhadas pelas trilhas
Das cachoeiras da Serra
Das ondas do mar.

As crianças futuras disseram
Que não teríamos continuação
As mudanças absurdas fizeram
O destino não ter salvação.

É o fim
É o fim minha aventura...
É o fim
É o fim minha loucura...
De novo.

Das estradas percorridas
Das baladas divertidas
Das conversas agradáveis
Das praias sonhadas.

Eu nunca mais vou vê-la de novo
Com os olhos do amor
Eu nunca mais serei o alvo
Dos ataques de impulso que causam dor.

É o fim
É o fim minha pequena...
É o fim
É o fim minha gatinha...
De novo.

Contestação

Quanto tempo depois da tempestade?
Há quantas horas o passado esteve?
Quanto tempo depois da calamidade?
Há quantas horas o amor manteve?

Separação inevitável chega
Eu não acredito nos raios
Deitado debaixo lembra
O outro lado dos quadros.

Vou dormir sem esperança
De encontrar tudo como era
O trabalho de herança
De mudar tudo como queira.

Quanto tempo depois da uniformidade?
Há quantas horas o safado deteve?
Quanto tempo depois da universidade?
Há quantas horas o carro era um feixe?

Coisas soltas ao vento

Tempos finais da comunidade
Feito que não venero não quero
Amigos que não dizem autoridade
Palavras minhas distorcidas Não acredito

Não consigo ver as intrigas
Que a deixaram sofrer
As sombras acabaram com as alegrias
Meu amor abala o meu querer.

Muitas farpas soltas ao vento
Muitas âncoras para afundar
Mágoas vieram correndo
Inveja de um casal para arruinar.

Intolerância excitada pelos casos
Do passado ficam na mente
Pesadelos incomodam os tatos
Pessoas inventam maldade Mentem.

Já bastam os problemas do relacionamento
Só os dois a resolver Solucionar
Fico na porta do estabelecimento
A lembrar e soluçar.

54

Espero que um dia fique você
Sabendo de toda a verdade
Que te perdoarei por achar
Meu valor ser infidelidade.

Gostaria que acreditasse
Estou fora dos muros
Sociais espetos como furos
Minhas falas tu deturpaste.

Tenho amor suficiente para deixar
O passado fechado lacrado
Tenho esperança para perdoar
Seu pensamento por mim Safado.

Vou vivendo minha vida
A cada dia mais uma alegria
Vai vivendo tua vida
A cada dia mais alegria.

E o destino das energias do Universo
Favoreça a conclusão
Como tiver que ser um verso
Nos dias felizes as lembranças estarão.

Fique ligado!

Pessoas perigosas atravessam
Sua vida Fique ligado nas ruas
Carros ferozes matam
Como formigas mudas.

O mal está andando por aí
Esperando o momento de fraqueza
O inocente está andando por aí
Sem ligar na correnteza.

Dar mole para perder o amor
É fácil destruir o casal
Influenciável pronto para romper
Cada um procura ser irracional.

Impossível olhar para a mulher
E ver palavras ditas por estranhos
Simplesmente a união arremeter
E ver a realidade correr para outros caminhos.

Tudo começa na praia de Camburi
Talvez seja o final do casal
Tudo acaba na praia de Camburi
Talvez seja o início moral.

Perto da alegria inocente
Mora uma decepção familiar
Venci a primeira cadente
Desmoralizo e vou trabalhar.

Carrego a geração dos fantoches
Nos braços da realidade
Na cidade dos calotes
Carrego a rua da facilidade.

Clima aperfeiçoa o samba
Das danças econômicas
E amor que sana
As paixões avassaladoras.

Café preto auxilia a moradia
Da comunicação plausível
Viabiliza a nova terapia
De uma visão sofrível.

Palaciano entre médicos

Querubim acompanha o caminho
Trilhado por aquele garoto
Que passou dura vida
No destino de uma pipa.

O sucesso enfim apareceu
Seu primeiro sinal impresso
Agradou e surpreendeu
O cético que dizia impropério.

Alguém disse alguma coisa
Nem Liguei!
Ninguém falou da poita
Nem Liguei!

Vai ter briga no ar
Fato cotidiano entre prédios
Vai ter festa no mar
Casto palaciano entre médicos.

Santas profanas

Noites das calmarias
Frio por causar ardor
Risadas falidas
Fico querendo calor.

O que está por vir
É Sedutor alegria de mim
Saber que posso ir
Ao alcance do Sem Fim.

Eu só quero a paz
Seguir meu caminho
Achar coisas boas me faz
Procurar espiritualidade dormindo.

Seguir as palavras que me vem
À cabeça e serem aceitas
Para evoluir e ficar Zen
Alguém me traga as receitas!

Que coisa complicada!
Esse lance de envolver
Entre pessoas Personalidades
Sempre discurso a resolver.

Espero atentamente a hora
Da ação que me hipnotiza
Suor gostoso Embora
Logo após me atira.

Conceitos estabelecidos não empolgam
As novas formações humanas
Do Mundo Novo que Admirável
Surgem clones e santas profanas.

Século

Vai pra frente da mesa
Toma a refeição de assalto
Vai a pé pra balada
Toma a memória num percalço.

Passeio com a amiga
Pela Avenida Paulista
Conversa animada entretida
Silêncio na sala do Século XVIII.

Sentados nas poltronas Luís XVI
Logo ali 20 passos da loucura
Urbana e aclama por uma vez
Pela paz que se mostra paliativa.

Telefone toca andando
Na calçada o ciúme atravessa
Os Cabos e palavras falando
Omissão do amigo obrigatória.

Loirinha

Acho que é hora de você
Loirinha nova no caminho
Ruptura do namoro recente
Pra mim e pra você.

Mas que importa?
Quando as coisas surgem
Não fecho a porta.
Deixe que as ondas inundem.

Mais que na hora!
Gostei do teu doce
Futilidade de balada
Eu concordo que não existe.

Comi do teu lanche
Apreciando sua suavidade
Ao outro que não se queixe
Vi algo na claridade.

Olha, sua simpatia
Me seduziu os desejos
Quero sua fantasia
Loirinha dos meus sonhos.

Trilhos

Melhorias da Caricatura
Os trilhos passam na praça
Os pássaros andam na grama
Feitorias duma cavalgadura.

Sinto-me bem! Livre!
Sozinho e acompanhado
Por todos os que vivem
Aventuras do bem-intencionado.

Instabilidade financeira
Na Avenida dos prédios espelhados
Mulher errônea para Companheira
Que não acreditou Deixou-os humilhados
Época caótica passageira.

Absurdo como assemelha
Cidade e Floresta em veneno
Estou numa praça
Que mais parece um pequeno
Campo aberto no meio
De mata fechada O detalhe
Fica por ser criação do homem
Artificial fábrica de entalhe.

Trianon

Em busca de algo maior
Venho aqui ver a grama
Livre do Trianon causador
De infinita esperança.

Quem sabe o que há
De errado na beleza
Do feliz amanhecer?
Voar nas ruas sob a Lua
E ver o Sol aparecer.

Altas ondas estão rolando
Eu quero ir pegar
Sozinho minha alma vai sorrindo
Quando eu terminar.

Por que todos têm que estar?
O cachorrinho a passear
Com sua Dona quero ficar
Na Praça do Trianon o tempo vai passar.

Perdido na Lua

Será que estou perdido?
Será que estou na Lua?
Será tudo que penso
Ser errado e besteira?

Por que sou diferente?
Por que sempre ausente?
O que falta em mim?
Segurança elas querem para si.

Tempos inversos no ano 2000
Robotizaram os sentimentos
Frivolidade nas horas a 1000!
Futilidade dos movimentos.

Quero as vigas de outrora
Madeira forte encobria paixões
Um milênio a casa durava
E via diversas traições.

A luz que me alumia

Você dançou à noite
Debaixo das saias
Eu vi de camarote
O devaneio das vaias.

O céu cor-de-rosa da cidade
Da Luz enfeitiça o turista
O véu da tua prosa na claridade
Do Giz extermina.

Ponte Metálica de Coral
No fundo do mar
Ondas perfeitas rolam no Pontal
Pôr do sol para aclamar.

Saudade da minha filha...
Sinto tanta falta de carinho
Que posso sentir sua carência
O pai ausente chora sozinho.

Última chance

Minha pequena guerreira!
Envolve-me com tuas luvas quentes!
Meu calor quebra barreira
Das emoções potentes.

Minha pequena...
Mal algum te faria!
Nunca esqueça
Do beijo que gostaria.

Contos da união do casal
Energia, Alegria aos outros não é normal
Geram ilusão no Social
Somos dois Um plural.

Dificuldades existem
Para serem superadas
Intrigas não persistem
Quando são de bocas caladas.

Desgaste por fatores sociais
Defeitos pessoais
Mas a visão do futuro
Chega pelo conselho dado.

Tentar é a alma da vitória
O amor é a casa do Universo
Veja você a humildade adquirida por mim
Graças ao ouvido aguçado.

Vi o caminho certo na frente
Vivi momentos necessários
Conheci outros mundos Gente
Falei com pessoas solitárias.

A realidade veio dizer
Através da Sua Alma
Pela boca adocicada
As coisas que tenho que fazer.

Não é fácil sair de uma utopia
Fiquei algum tempo querendo
Um mundo perfeito seria
A nova Era dizendo.

Minha pequena...
Escutei o seu bem-querer
Ouça o meu também
Você tem coisas a aprender.

Nas minhas palavras ditas preste atenção
Só quero com você estar
Nos meus olhos é falado de coração.
Peço sua humildade para te ensinar.

Tenho tantas coisas pra te mostrar!
Tenho tanta coisa para te viver!
Tenho tantas coisas para você acreditar!
Tenho um AMOR para você ter,
                    [Minha pequena...

Febril

Na atual doença temporária em que
[me encontro
Fora dos copos da cerva na Boemia
Frequentador assíduo às vezes
Perde a noção da Alquimia.

Solitário social agora
Comigo mesmo fico dialogando
Delírio febril manobra
Contigo sempre fico teimando.

Aspectos esquisitos da sombra
Que me acompanha eternamente
Sublimam a probabilidade da compra
Que propus notadamente.

ArTe

Musicar a forasteira que aparece
Nos papéis que rabisco
Independe do que nos acontece
Nos bordéis que arrisco.

Pitadas ariscas enterram minha cara
Pois não entendem minha arte
Acham que pagam os olhos da cara
Só quero fazer minha parte.

E ainda tem os distantes
É, arrimo de família
Que os olhos não obstante
Sentem sua carícia.

Almas pescadas

O que as ondas querem?
Viajar para o Bem ou Mal
Medo que família destrua
O sacrifício que viaja através das ondas
Pluralizam as dores físicas e emanam
                      [ensinamentos
Pescadores de almas em busca de tesouros
                      [perdidos
Nas areias das dunas desertas do Nordeste
Nas arreias que prendem a Liberdade
                      [de decidir
Princípio doente diferente
Alfinete nos pés delimita espaço
Espaço arrancado de mim, no caos
A tempestade veio deixar-me febril
                      [e sem passos
Sou fantasmagórico?

Outro lado

Pessoas estranhas batem à porta
Ruas nas faces de desconhecidos
Uma Porta aberta produz
Caminha até a horta
Chuva cai e molha todos os perdidos
Vejo ali raios de luz.

Ame o desapego e tua dor não existirá
Faça por onde acreditarem
Então a Natureza facilitará
Quando engodos fracassarem.

A chuva cai e o homem observa
As criaturas da noite urbana
O Desconhecido ultrapassa a rua
Porta se abre na parede crua.

O homem vai embora
A Porta vai embora
O Desconhecido vai embora
A chuva cai... Embora...
O Outro Lado Agora!

Filha longe

Minha filha querida
É tanta saudade!
Bonequinha cheia de vida
É tanta saudade!

Às vezes quero largar tudo aqui
E correr num avião e ir pra aí
Vejo anjos quando penso em ti
Por que teve que ser assim?

Tão longe de você!
Teu crescimento maravilhoso
Estou ausente na infância
Fantástico sorriso faceiro e maroto
Saiu quando me viu você!

Ah! Minha filha querida...
É tanta saudade!
Que a cabeça não sei onde foi perdida
É tanta saudade...

Juro pra mim que levarei alegria
Quando morar contigo
O dia chegar nunca foi tanta agonia
Esperar você comigo.

PoeTinha

Eu vi na televisão
O cara era poeta
Fugiu da prisão
Não tinha uma moeda
Mas a esperança na sua mão
Por que não eu?
E vi também que em tal situação
Fuga, chuva, Romance...
Romance?
Uma mulher e o violão
Num carro derraparam
Terreno daquela casa abandonada
Quase se afogaram
Mas o poeta escreve tanto que gozava
E suas letras salvaram
A mulher e o violão.

Recuperação

Quando o destino mostrou sinais
Ignorei por quatro vezes
Desdenhei das amostras e tudo o mais
Tive mais um dos revezes.

Sei que amor é indefinido
Sei que ultrapassa a distância
Sei que não deve ser possuído
Sei que é como fragrância.

Fiquei doente por desprezar as visões
Estou agora a me recuperar com poções
Que ficam dentro da cabeça e livros
Lidos para refletir os Vivos.

A esperança volta ao vocabulário
Depois de meses na anestesia
Do cotidiano SUB do Operário
Minha Lenda Interior sei de oitiva.

76

Perfilados arcos de imagem
Levam consigo o embaralhado
Enigma da mais pura viagem
Feita num quebra-cabeça remontado.

Remoçar as estórias fantásticas
Remover as bactérias impunes
Remessar as bolas linfáticas
Reerguer as modéstias imunes.

Eterizar a corrente elétrica
Que passa na consciência
Eternizar a coerente mágica
Que fica na irreverência.

Energia negativa tenta subjugar
A recuperação
Conseguirá apenas a sadia
Evolução.

Sonhos

Lembra... Quando eu tive você
Pertinho da minha praia
Eu quis tudo pra você
Até a estrela do mar

Estava preso numa cadeia
Que parecia ser um prédio
Lembro de ter fugido pela escada
Até o primeiro andar estava sério.

Esperei os homens passarem
Fiquei invisível num ponto da parede
Mas ver-me num ponto onde conseguirem.
Então desandei a correr repente

Cheguei até o avião pequeno
Peguei o manche e acelerei
Outras pessoas estavam comigo
Avenida movimentada! Arrisquei!

Na descida peguei mais velocidade
E consegui subir
Só que não ficava alto com facilidade
Não saia da estrada
Medo de cair

Por que eu não conseguia subir mais alto?
Estranho, Fui até uma mata e um rio
Parecia a Mata Atlântica
Sobrevoei o rio até voltar para a estrada
E quando percebi estava no Litoral Norte
Indo à Maresias. Sempre na estrada e voando
Na rasante.

Aliança em damas

Em algum lugar do mapa
Há de existir probabilidades
Em algum lugar da casa
Há de existir felicidades.

Nas propagandas dos sonhos
Vemos problemas para reverter
Nas varandas dos Tonhos
Vemos emblemas para derreter.

Vi um deserto perto do meu coração
Briguei com as águas
Estive num aperto sem noção
Voltei às mágoas.

Ouço a música e deixo falar
Como o preto e o branco
Calço a túnica e beijo armar
Como o berro e o pranto.

Toco o tambor das decisões
Pra poder ir embora
Foco o cantor das multidões
Pra poder ir embora.

Sozinho perdido por acaso
Fiquei recluso
Cozinho ardido por atraso
Fiquei confuso.

Mas não me desespero
Pois a meditação é bem-sucedida
Mas não me exaspero
Pois a calefação é bem-falecida.

A peregrinação deixa o acanho
Toma corpo nos mapas
A improvisação deixa o tacanho
Toma corpo nos haras.

Giro aleatório indica o Norte
Esperança em chamas à espera
Miro casório declina o corte.
Aliança em Damas ao Poeta.

CriAção

Forquilha apertada onde o pescoço
Encontra seu propósito
Braguilha apertada onde o pescoço
Esconde de propósito.

Meça seus prazeres virtuais
Pois a virtude está aberta
Peça seus prazeres carnais
Pois a quietude está alerta.

Abrace os seus domínios
Que não custa dinheiro
Afaste dos meus exílios
Que não culpa ferreiro.

82

Conta-gotas de suor na camisa
Para ter certeza do esforço mínimo
Monta cotas pormenor a fascista
Dara ter clareza do esboço íntimo.

Esquálidos imóveis inertes
As mulheres da minha vida
Pálidos senhores de casebres
As colheres na minha sopa.

Filho do mundo deságua
Nas emoções flutuantes
Quisto fundo desabrocha
Nas novas mutantes.

Explosão

Agora lembrei o que tava sentindo
Muita raiva me consome
Nesse momento quis estar partindo
Sumir e ficar sem nome

As pessoas não querem o saber por que
Precisam atacar a sua índole
Para terem a supremacia do querer
E pisar em tua cabeça íngreme.

Porque senão corrói o metal
A ferrugem do espólio antigo
Criatividade de adquirir capital
No interesse único faminto.

Deprecio todas as almas imundas
Mas sei que não posso desejar
O mal para as perdidas cujas
O tempo para para poder postergar.

84

O ódio quer me controlar a toda hora
Que luta comprida e desgastante!
Por aquelas que desagradam agora
Que chata é aquela debutante!

Longe disso tudo quero estar
O mais rápido possível estrelar
Para poder ficar em paz
Para querer ser o az.

Pena que não saiba o valor da vida
Trabalhar para espiar o escrito
Falar mal e falar mais pra cima
Namorar mal e deixar esse atrito.

A colheita pode esperar a nova safra
De rancor da menina simplória
A receita é parar de estafa
Ir à frente Tomar a dianteira.

Subjugar seus ideais
Mostrar a minha vitória
Poder deixar-se jogar
E criar com a escória.

WayKelíbrio

Queria estar do outro lado do Universo
Bem longe de tanta discussão
Desamarra a corda e solta no mundo
Teu corpo deixa levar ao ancião.

Totalmente desestruturada a feira
De vidas circulantes no hall social
Esporadicamente abala a cadeira
Que sustenta a emoção facial.

Tudo separado da gente
Arquétipos descontraídos
Levam horas para chegar à mente
Grilos enlouquecidos.

Fiz um pedido simples
Da chance de alguns
Acabarem com brindes
Inúteis em Guaiamus.

Sorrateiramente aproxima da vítima
Que nada percebe
Ardilosamente invoca a última
Pessoa que merece.

O pagamento adiantado do trivial
Reconhece a free way
De onde afugentado no pluvial
Aborrece o gate way.

Imagem em frações de segundo
Denunciam os movimentos rápidos
Da Águia que mata o ditongo
Pré-históricos artifícios mágicos.

Viajando

Corri as ondas procurando você
Escalei o K2 pra te mostrar quem sou
Velejei até o Cabo das Tormentas
Nadei entre tubarões quase sem querer
Para provar que vou
Alcançar seu amor e sentir Te ter.

Amanheci numa ilha deserta
No Triângulo das Bermudas
Pra ver se você fique certa
Das coisas que são loucuras.

Tratei os animais feridos
E Doente não escapei
E ter delírios dos teus sentidos
Fui à Igreja e orei.

Cheguei naquela tribo indígena
E do ritual me fizeram participar
Era pra dizer que vou com você
E me deram arco e flecha
Querem a sua alma para eu atirar.

Ah! Dali eu fugi rapidinho
Estive em Lhasa
A Potala abriu-se para mim
Fiquei em casa.

Subi nas árvores mais altas
Para ver se via você
Tentei as corredeiras do Nilo
Acabei encontrando Atílio

Peregrino pelo Caminho de Santiago
Na magia da própria alma
Estive envolvido
Lutador pelo corpo fatigado

E cadê a garota?
Ela que eu espero pelos lados do mundo
No centro da Atmosfera
Ela que eu venero pelas bordas do oceano
No meio da Biosfera

Quis entrar no foguete que ia para a Lua
Só que tem muita segurança
E eu não gosto da estática
Será que é pecado?
Eu estou na Terra para viajar
E tudo que eu tenho, tenho que deixar.

Pecado?

Imagine seus lábios...
Beijo seus seios...
Você me excita!
E te fascina...
Imagine os meus lábios...
Pegue nos meus cabelos...
Você se excita!
E me fascina...

Aquela – Era – Ela

Ei! Aquela ali não era ela?
Acho que tive uma alucinação!
Num sei não...
Sabe aquelas coisas de intuição?
Pois é, num sei não..
Ah! Mas e por que na favela?
Deve uma explicação!
Sei não...
O carro que veio a leva?
Acho da tua mente uma criação!
Hum? Num sei não...
Olha ela aparecendo pelada!
Que é isso, rapaz! Judiação...
É! Aquela ali não era ela...

Indagar de verbos

Estou pensando nas coisas do mundo
Por que a Filosofia não ensina a verdade?
Por que viver?
Pra que morrer?
Pra que sentir?
Pra que amar?
Pra que sorrir?
Pra que voltar?
Por que ir?
Por que soltar?
Por que partir?
Por que voar?
Pra que sofrer?
Por que deixar amedrontar?
Por que querer?
Pra que acreditar?
Por que não acreditar?
Pra que pensar?
Pra que chorar?
Pra que nadar?
Por que procurar?
Por que crer?
Pra que fazer?

Por que não deixar fazer?
Por que não deixar de amar?
Por que não deixar ir embora?
Por que não perdoar?
Por que não aborrecer?
Por que não questionar?
Por que não provar?
Pra que transar?
Por que não transar?
Pra que acreditar então?
Pra que orar?
Pra que correr?
Pra que esperançar?
Pra que poder?
Pra que livre arbítrio?
Por que ter?
Pra que possuir?
Por que apavorar?
Por que não fugir?
Por que não lutar?
Por que não buscar?
Pra que submeter?
Pra que subjugar?
Por que corromper?
Por que humilhar?

Pra que arremeter?
Por que não deixar soltar?
Por que não permitir voar?
Por que não ser feliz?
Por que não trair?
Por que ser infiel?
Por que não meditar?
Por que deixar trair?
Pra que eliminar?
Por que dominar?
É diferente de ganhar?
Por que ser o melhor?
Pra que ser melhor?
Melhor que o quê?
Por que deixar de realizar?
Pra que abaixar?
Por que deixar passar?
Pra que fingir?
Pra que gozar?
E por que a Filosofia não explica
Essa coisa cheia de verbos
Essa coisa que é viver?

Um adquirido

Escadarias do templo escolhido
Pra deixar meu corpo descansar
Altas montanhas permitem escondidos
Tesouro de mil anos repousar.

Na minha esquizofrenia
Penso que estou louco
Por ser convicto da minha etnia
E saber que não roubo.

A cerca que divide as partes
Da alma ofuscante
Abre opções de várias artes
Muita calma não obstante.

Prova classificatória para seguir adiante
Pensamentos que voam como a Luz
Ir de metrô Subterrâneo radiante
Fazendo o presente cavalgar de Andaluz.

A Liberdade fulgurante
É capaz de ludibriar
O Néscio palpitante
Que quer lubrificar.

O passado fica lá sempre
Que precisar desarquivar
Processo e litígio quente
Botar pra quebrar.

O futuro descola uma ponta que sobrou
Do presente optou
E, de fato, opinou
Deixou a mulher que te logrou.

Fica assim então
Do jeito que não foi dito
nem pensado
E fica assim então.

Carta da esperança

Diz aí Doutô!
Que é que manda?
Como é que tá essa força?
E aquele milheiro de telha?

Diz aí Doutô!
Tô precisano das telhas!
É meu teto que disabô
É meu voto no sinhô!

Diz aí Doutô!
Como é que vai a família?
Diz pra Dona Gema
Que o bolo tá uma delícia!

Diz aí Doutô!
Tô aqui cum a inxada na mão!
Êta soleira de rachá!
O di cumê tá no chão.

Diz aí Doutô!
Tô precisano de farinha tumbém!
O sinhô num si incomoda não, né?
É qui aqui são dez voto, né?

Diz aí Doutô!
As eleição tão chegano!
Viche! Nossa Senhora!
Que tá um alvoroço!

Diz aí Doutô!
Aquele seu cumpadi que é candidato
Teve aqui antisdionti
Falô Qui ia mobilizá um bocado.

Diz aí Doutô!
Eu num sei o que é esse tal mobilizar
Mas disse qui num precisava de móvel não!
E falei qui o sinhô é que ia ajudar!

Diz aí Doutô!
Tô lhe esperano aqui em casa
Mó do sinhô comê a Cabidela
Da Júnia! Viche! Rapaz!

Só-tato

Ai, meu Deus!
Angústia chata!
Estou imóvel
Inadvertidamente incapaz
As pessoas deixaram sozinho
É como estou agora
Sentindo o momento
De decidir viver sem demora
Vou embora e não olho para trás
É notório que elas falem agora
Estou sozinho

Bonitinha

Vem atrás da banda, gatinha
Na praia foi aquela coisa!
Tudo bem! Eu na onda
Você deita na areia e é minha.

Vem pra mim, gatinha
Na água foi qualquer coisa
Me faz bem! Na tua cama
Você então me mostra

Tudo aquilo que quis
Nos meus sonhos
Tudo aquilo que fiz
Nos seus sonhos.

Quando você foi embora, gatinha
A saudade foi tamanha
Tive que matar o tempo agora
E lembro da nossa façanha.

100

Como a Lua tava cheia aquele dia!
Peguei no seu braço
Levei seu corpo antes da calmaria
E você dizia segredo.

De repente acabou o prazer,
De te olhar
Deixei de fazer
O bem casar.

E você foi embora, gatinha
Essa angústia no meu peito
É fato que embola
A vontade de ter jeito.

Lembro do teu riso
Alegrando o mundo
Eu tava liso
Festejando tudo.

Então deixa pra lá
Vem comigo, gatinha
Deixa pra fugir depois
Esse filme compôs.

101

A volta

Ah! Como o mundo dá voltas!
Eu adoro isso!
É um mundo de possibilidades!
De vindas e idas!

Ela é desencanada e irreverente!
Não quer saber de perhaps!
Vai comigo sempre em frente!
Não quer saber de haoles!

Ela me achou do nada!
Uma vez há muito tempo
Namorou meu primo bala
E arte que faz beijo.

Cara, vou te falar!
É um absurdo! *riso*
Como pode num estalar
A gente ficar num só ismo?

Review

Sentir a tua pele
Passar a mão no teu umbigo
E pegar naquele piercing...
Sentir o teu cheiro
I don't want stay waiting!

E falo no teu ouvido
O que quer ouvir
E paro não deixo corrido
O que quer curtir.

Qualquer hora do dia
Não canso de imaginar
Qualquer hora da noite
Não sinto o meu amar.

Sentir a tua voz
Falando no meu corpo
Ficar a sós
Querendo o teu corpo.

E nessa noite
As estrelas me disseram
Tudo pode doce.

Infância

Ganhei um brinquedo
Quando era criança tudo podia
Ganhei um acidente
Quando era criança tudo acontecia.

Não era preciso muito esforço
Só esperar que passava
Na minha frente o poderoso
Monstro que eu assava.

Quando ia para a escola
Sempre a pé
Ficava imaginando a hora
De não ser mais anão em pé.

Todas as manhãs o mar dizia:
"Bom-dia, hoje eu tenho boas ondas".
E eu corria feliz e nunca saberia
Que lá moram as almas das energias boas.

Um segundo

Um momento de desleixo
O ócio quer subjugar
O carro de mula mexe
E depois é só andar.

Partiu

Vou embora para casa
Onde o mar me respeita
Vou cair fora sair da asa
Ir até lá fazer somzeira.

E a garota está pura
Pegando altas ondas
E a garota me gusta
Escolhendo conchas.

Vou embora para longe
Onde a doida não encontre
Vou vazar Virar monge.
Onde a doida diga:

Partiu!
Partiu!

E batucada na mata
Surfar um dia clássico
O bamba não tá de cara
Camburi de gala é
Mulherada fácil.

Então tô partindo
A estrada é longa
Não quero você me seguindo
A saudade é que conta
O que rola vacilando
É o som dos olhos dela.

Silêncio

O silêncio produz
Movimentos circulatórios
O céu induz
Atalhos perigosos.

Como pensar no cotidiano?
As peles estão à venda
As plebes estão à mostra
Como pensar em tocar piano?

A solidão nas notas da gaita
Que toco com a boca
Mas na Mão tá difícil
Foge mais do que é possível.

Impressão das cédulas eletrônicas
Nova eleição de comediantes
Jogar na cara todas as mágoas
É minha triste família de comediantes.

Desejo seguir adiante
No meu estilo de vida
Fazer sucesso Ficar radiante
Lembranças da minha partida.

Chega de politicagem
Polidez que abomino
A palavra Sacanagem
Começa onde termino.

Perdida no meio de tudo
Fica a bela paisagem
Que ficou no meu sonho
A paz daquela imagem.

Criei realidades diferentes
Antagonismo cúbico
Me livro das correntes
Para alcançar o Único.

Premonição

Fiz como todos que estão
em busca do Elo Perdido
O mundo procura a evolução
As mais variadas classes do esgoto
Música envolvente. A minha canção.
Presentes de fases no submundo
atuante da marginalidade periférica
[e ovalada.
Calamidade social doentia contagia a trama.

Sociedade autodestrutiva, amor!
A jornada se estende por entres farrapos
[humanos
vistos na rua deserta de pavor.
Nas ruas somente os mortos-vivos
sem-terra sem-teto sem-nada
Visão apocalíptica do passado pouco remoto
onde flores apareciam nas janelas.
Perseguido pela polícia cai da moto
Fazia conexão nas favelas.

Veja você em que letargia
do movimento fast me encontro.
Casos do Neoliberalismo Fascista
Pós-Moderno
E viva o modelo social vigente!
Culturalmente proibido
para menores de três anos!
Ritmo da pistola potente
Faz rir as balas dos canos.

Viagens paraformais daqueles
Neo-Hippies Yuppies Junkies Espíritas
A real verdade inspira os espertos
de mente aberta ao desespero
das fugas populacionais
com medo do fracasso
a frustração do lado da TV
com a latinha de cerveja na mão.

Corrida contra o tempo!
Veneno aberto
Isso é a evolução, baby!
Vamos à revolução!
Essa é minha causa!
A busca do nada!
Que não o centro! O cetro!
Coral de virgens na igreja
a cantar o fim do mundo

III

Da Evolução!
Persevera a Vera valente
carente da teta que tinha maneta!

Prisões falidas
Meu jazigo encontrarei velho sem dó
que esperará a passagem
do profeta das palavras!

Loucura inevitável
Esclerose do dia a dia
realidade crua! Nua! Depravada!
O erotismo não é mais o mesmo!
O cibernético implante biônico
o chip de contrabando implantado
o sexo virtual inflável

E mapas infravermelhos fazem
a leitura da verdade nos sonhos!
Como saber da estória do amanhã?
O planeta Terra acaba de ser vendido
para a Multiuniversal Marciana.

Partes

Minhas partes dividem
Em qual escolha encarar?
Meu irmão! Tinta de fuligem
Empalha antes de queimar.

Fiz loucura ontem
Riviera em êxtase
Era da amiga Tóten
Praia eletrônica.

Deixei a opção para ela
Deixei que decidisse a desculpa
Para não ficar magoada
Comunicação da postura.

Amor é ser dividido
Generoso presente a amigos
Às vezes não tem jeito É partido
Só sei que somos loucos.

E foi doidera show!
Sei que você lembra
Interpreta a amnésia
Para sair ilesa
Mas sei que lembra!

Sabe por quê?
Você adorou o meu olhar!
Seduzida Encantada
Tesão consumiu até molhar!
Eu sei, eu senti subir
É comigo você prazer de rir.

Banto

Dia de confusão dos sentidos!
Algo na atmosfera Ferir
O impulso
Intuito de intuir.

Água cristalina das visões
No alto da energia Primazia
O voo caçador dos falcões.
Pergunto-me e não vejo
O alcance das intenções.

Aqui na Babilônia futurista
O ar é tua sina Assuma
A forma e destrua as leis
Aqueça o corpo Corra.

Não perca o trem! Sai de casa
Busca do Capitalismo
Catapulta da população
Todo toldo adquire
Frequentadores da chuva ácida.

PaRaNaRa

Fico aqui na praça
Tomando Sol
Horário de verão
Calor Bemol.

Esperando a minha casa
Que vem devagar
É você, Nara
Te beijo o calcanhar.

Nara, tua áurea passa
Na minha frente para.
Minha passagem cara
Vou onde mora
Não durma
Nara.

Na tua

É minha amiga
Foi doidera doida!
Essa Aventura
Foi romance a minha boca
Correndo na tua.

E depois de tudo
Fica aquele olhar
Querendo mais você
Você querendo mais a mim.

Só que nossa amizade
Impede a intimidade
De colarmos os corpos
Novamente.

Sei que um lance como o nosso
Ninguém esquece
Caras, taras, olhos
Beijei gostoso teu peito
Mordidas, carinhos, modos
De encaixe no carro.

Fica comigo, loirinha
Uma noite de fantasia
Como a gente é
Sem parar para pensar
E ficar com medo
De sermos qualquer Mané.

Quero a Segunda parte
Da estória de arte
Que escrevemos a dois
Vidas simultâneas
Espíritos livres
À espera de qualquer
Magia que hipnotize.

Outra bossa

Na estória da Bossa
Lock Strok e Junkies
Frequentavam o Caiçara sem fossa
Alucinógenos Funkies
Paulistanos da Cosa Nostra
Caçavam os Monkies.

Boemia Psicodélica
Rolling Stones X Beatles
Nas baladas estéticas
Em shows fantásticos
Mulheres histéricas.

Santos! Porto, Louco, Gozo
Sonhos! Conto pouco Zelo
Estórias dum fundo solícito
Na cidade do Porto Marítimo.

Joquinha – UNIC – União Nacional de Intercâmbio Cultural

Eu tive que comer um sargento
Da Aeronáutica dos E.U.A
Morei na casa do sujeito
Anos 70 Climax Era.

Na base americana
Minha boca queria beijar
Acesso a mísseis Eu em Cana
Intercâmbio cultural Cachaça rolar.

Top Secret nos aviões B-52
Rolou uma função Nós dois
Intercâmbio Sexual oficial
Sargento fala da Climax quente
Eu fiz querer uma Consul
Ou uma Brastemp.

Mas tive que fazer o clímax
Do sargento americano
Que no seu bigode sentiu rir.

O causo principal de tudo
Aconteceu por causa duma
Velho Barreiro Caninha Brasileira
Que transformou Homem de ferro
Com ferro no calor do seu corpo.

Fez Subverter os valores
de opções carnais
Eu na malandragem
da mandinga de meu povo
Fiz a felicidade
da Aeronáutica Norte-Americana.

Obs.: *Homenagem a um amigo das antigas que foi fazer aventura nos Estados Unidos da América nos anos 1960.*

A se a vida...

Oceano azul dos sonhos
O swell de Sul navega
Ondas em série têm donos
Inverno leal para quem chega.

Merda?!?

Flores ensinam o jeito certo
De querer aquela garota da areia.
Fico pensando em passagens céticas
Onde minha alma pergunta
Que lugar de merda é esse?

Sincronia

Depois do entardecer
Eu peguei você com minhas mãos
Eu peguei você com meu pulmão
Eu não entendo
Eu não preciso
Aquele som rolando na beira
Aquelas palavras Eu disse
Quis a tua boca Você disse
Olhares perplexos dos outros
Quando levantei
Quando levantou
Quando peguei sua mão
Quando pegou minha mão
Quando olhou meu olhar
Quando olhei seu olhar
Quando sorriu
Quando sorri
Quando parti.
Quando partiu.

Se fosse hip-hop

Vamos capar os arredores políticos
Cadência da periferia
No Hip Hop dos apocalípticos
Declama a carnificina.

Batida dos homens
A gente quieto As mãos pra cima
Eles respondem
Com música Violão e rima.

Cair e amar

Baterias de competição mercadológica
É claro que fui pra água sem lógica
Esquecer as paradas erradas
Olhar aquelas garotas.

Tava numa boa Na cama
Olhando o mundo pela janela
Queria ter um assunto
Que prestasse na favela.

Nessa putaria cotidiana
As alegrias de olhar o mar
Fazem o brother pensar na Luciana
E você vai querer cair
Você vai Amar.

Slides

Estou perdido na floresta
É noite Sem Lua
A trilha esta ficando estreita
Vejo uma casa de madeira.

Luzes acesas nas janelas
Lareira fumegando
Meus passos se alargam
Mas fico cada vez mais longe.

Tem uma pessoa olhando pra mim
Quieta imóvel
Viro para olhar ao redor.
Porta móvel.

Pego no trinco para abrir
Caio Num abismo escuro
Estou caindo e a porta fica cada
Vez mais longe.

Vejo minha vida em slides
Parece que agora morri
Estou deitado sem ruído algum
Muito confortável.

São as areias das Dunas
Deserto à noite de Lua cheia
Estou mais uma vez sozinho
Procurando algo que não sei
Não entendo o que é.

Estrelas se movimentam como
Num congestionamento de carros
Nas ruas de São Paulo
Uma mulher estranha aparece.

Vamos ver o mar?
Eu quis voar
Ela não deixou
E não me machucou.

Me levou até um bar
Várias cervejas pra dentro
Uísque também rolou
De repente Uma Folia!

Trios elétricos estavam por toda a parte
Eu já não via tudo com clareza
Só via o barulho rodando
E pessoas rindo e olhando.

Ninguém se preocupando
Acho que era normal aquele estado
Ela foi me agarrando
Dançando e parado.

Beijando e rindo
Nem aí
Me levou até sua casa
Foi por aí.

Então a chuva começou a cair
Acordei pensando
Estar em qualquer lugar
Olhei-a dormindo.

Fui pegar algo de comer na geladeira
Morte ao redor
Abriu-se pra mim
Uma porta gelada.

Eu estava nas montanhas
Uma chapada em minhas mãos
Cachoeiras energéticas
E não era o Solimões.

Barracas de acampamentos xamânicos
No meio do mato luzes azuis
Deixavam com medo Elas em pânico
Eu via os olhos azuis.

Entrei em Êxtase numa praia
Balada no litoral
Na parceira feita com uma amiga
Fomos para a noite.

Grande coisa louca foi o que fizemos
No carro estacionado na garagem
E ainda vejo as tempestades
Plásticas que vou ter em minha bagagem.

Sobre o autor

Daniel Perroni Ratto de Morais da Costa nasceu em São Paulo no ano de 1976. Recém-nascido, foi para Fortaleza com seus pais. No Ceará, em sua infância, conviveu num ambiente cheio de arte, música e poesia. Fagner, Fausto Nilo, Francis Vale, Iron Batista, Manasses, Sérgio Redes, Capinan, Marciano, Teti, Rodger Rogério, Antônio José Silva Lima e tantos outros faziam parte desse ambiente em que seus pais viviam.

Em janeiro de 1983, no dia 25, Daniel completou sete anos de idade na cidade de São Paulo. Seus pais mudaram-se novamente e desta vez foram morar em São Vicente, litoral. Cidade onde Daniel começou a escrever poesias aos quatorze anos. Chegou a participar de um concurso de poesia sobre a cidade, mas sua poesia, já naquela idade, de cunho político, criticando a poluição e degradação, acabou por acamar, tal qual a praia de sua poesia.

Aos dezoito anos, em 1994, Daniel mudou-se com a família novamente para Fortaleza, onde, a partir de sua classe no terceiro colegial, conheceu outros adolescentes criativos como: Rodrigo Amarante (Los Hermanos), Fernando Catatau (Cidadão Instigado), Leco (Montage), Yuri Kalil, Davi Brasileiro, Francisco Figueiredo, uma galera a fim de fazer algo diferente. Daniel tocou com seus amigos em alguns bares de Fortaleza, muito mais pela diversão do que por compromisso.

No ano 2000, aos vinte e quatro anos, Daniel Ratto tinha voltado a São Paulo havia dois anos. E nesse mesmo ano ele lançou seu primeiro livro de poesias, intitulado *Urbanas Poesias* pela editora Fiúza. Livro este prefaciado pelo Poeta e Doutor em Filosofia do Direito, Willis Santiago Guerra Filho.

Nesse momento, Daniel se lançou por São Paulo, vendendo seu livro onde pudesse. Na Avenida Paulista, em frente aos cinemas culturais da Rua Augusta, nas feiras como a da Praça Benedito Calixto. Nesta praça em especial, Ratto conheceu o projeto Autor na Praça, idealizado por Plínio Marcos e comandado por Edson Lima. Fizeram então o projeto Autor na Noite onde o livro *Urbanas Poesias* estava sempre presente nas melhores baladas da época.

Daniel Ratto fez diversos programas de TV, porém, o Musikaos, na TV Cultura, de Jorge Mautner e Gastão Moreira e o Calçadão na TV Bandeirantes, da Luciana dias, são os que Daniel guardou com maior carinho. Além de Daniel ter declamado uma de suas poesias, na primeira participação no programa Musikaos, numa segunda participação, Jorge Mautner declamou a poesia "Afrobahidade", do livro *Urbanas Poesias* de Daniel Ratto.

Nessas andanças, conheceu e participou de eventos com poetas e músicos como: Lula Queiroga, Miró da Muribeca, Manuca Almeida, Jorge Mautner, Roberto Bicelli, Carlos Emílio, Jair Oliveira, Max de Castro, Wilson Simoninha, Cláudio Zoli, Max Viana entre outros.

Daniel participou das bandas Loco Sapiens, Criolo Branco e Luz de Caroline, desta última, sendo um dos criadores. Com a banda Luz de Caroline na formação original (Daniel Ratto, Tita Lima, José Aurélio, Guilherme Held, Tatá Aeroplano, Dudu Tsuda, Gustavo Ruiz, Gustavo Sousa, Isidora Cobra e Marcelo Monteiro), esteve no evento musical Free Zone Project, no ano de 2002. Em 2003 e 2004 Daniel fez suas últimas incursões pela música num projeto chamado Eletrogroove que criou com o guitarrista Tomati, DJ Marcelinho e o baixista Machado Jr.

Atualmente, o poeta Daniel Ratto é pós-graduando em Mídia, Informação e Cultura pelo Celacc ECA/USP. Professor de Gestão de Negócios e Turismo. Escreve como Jornalista Colaborador na editoria de música do portal de cultura www.culture-se.com. Faz parcerias de composição com alguns artistas na cena musical paulistana como Los Porongas, Daniel Groove e o Sonso, Pélico, Saulo Duarte, Fóssil etc. Daniel é ainda Servidor Público Federal no Creci/SP.

Impresso em São Paulo, SP, em agosto de 2012,
em papel off-set 90 g/m², nas oficinas da Graphium.
Composto em Grandesign Neue Serif, corpo 14 pt.

Não encontrando este título nas livrarias,
solicite-o diretamente à editora.

Manuela Editorial Ltda. (A Girafa)
Rua Caravelas, 187
Vila Mariana – São Paulo, SP – 04012-060
Telefone: (11) 5085-8080
livraria@artepaubrasil.com.br
www.artepaubrasil.com.br